# LAROUSSE
## children's dictionary
# spanish

LAROUSSE

Concept: Larousse and Sula
Project Manager: Sharon J. Hunter
Editors: Paloma Cabot, Amanda Fumero, Chris Latham, Marc Menahem, Elena Ron
Illustrations: Jean Malye
Typesetting: Chambers Harrap Publishers
Cover: Laurence Lebot and Jean Malye

© Larousse 2005

ISBN 2-03-542099-7

Distribution: Houghton Mifflin Company, Boston

Larousse, 21 rue du Montparnasse, 75283 Paris Cedex 06
http://www.larousse-bilingues.com

The *Larousse Spanish Children's Dictionary* is an essential tool for learning Spanish and has been specially written for children:

- ❏ it is a fun book that will fully engage a child's natural curiosity;

- ❏ it offers a thorough and effective method of language learning that will enable children to understand the Spanish immediately without having to rely on the English translation, although that is still provided for use if needed;

- ❏ it is a text that helps young children to discover intuitively how a bilingual dictionary works and how to find what they are looking for.

The book is in three parts:

## Full-page illustrations packed with vocabulary and dialogues in Spanish

These pages present situations that are familiar to children and allow them to make a direct connection between the picture in the text and the Spanish word associated with it.
The translation of each dialogue is given in the "Bilingual Dictionary" part of the book, at the key word underlined in the scene.

## A Spanish-English bilingual dictionary

This alphabetical bilingual dictionary provides translations for all the Spanish words introduced in the full-page illustrations.

## A workbook

This workbook, found at the end of the dictionary, is intended to encourage each child to take an active part in learning by writing the answers straight into the book. The activities make it easier to memorize the words and phrases seen in the full-page illustrations and use them again. The increasing level of these words and phrases will stimulate the child's natural desire to learn.

The aim of the *Larousse Spanish Children's Dictionary* is to help young children take their first exciting steps in learning Spanish.

# The Scenes ....................**.6-51**

# ¡Hola, niños!

> Soy vuestro <u>amigo</u>.
> Voy a ayudaros a aprender <u>español</u>.

## Diccionario/Dictionary

**amarillo, amarilla** yellow

el **amigo** friend ❑ **soy vuestro amigo**
I'm your friend

**andando** → **andar**

**andar** to walk ❑ **está cerca, a sólo
cinco minutos andando** it's close,
only a five minute walk away

el **animal** animal

el **animal doméstico** pet

## Actividades/Activities

**The right order**

*Put the words in
the right order*

**llamo, hola, Elena, me**

- - - - - - - - - - - - - - - - - -

6

15

¡Cierra los ojos!

¡Abre los ojos!

¡Camina hacia delante!

¡Tírate de la oreja!

¡Tócate la nariz!

¡Camina hacia atrás!

¡Ríete!

¡Coge el libro!

¡Llora!

¡Pon el libro sobre la mesa!

¡Mira los dibujos en el libro!

# Las Vacaciones

un mástil

una vela

un velero

una tabla de surf

un faro

la arena

ùn castillo de arena

una canoa

una ballena

el mar

una estrella de mar

un pulpo

un tiburón

un submarino

unas gafas de bucear

los restos de un naufragio

una tortuga

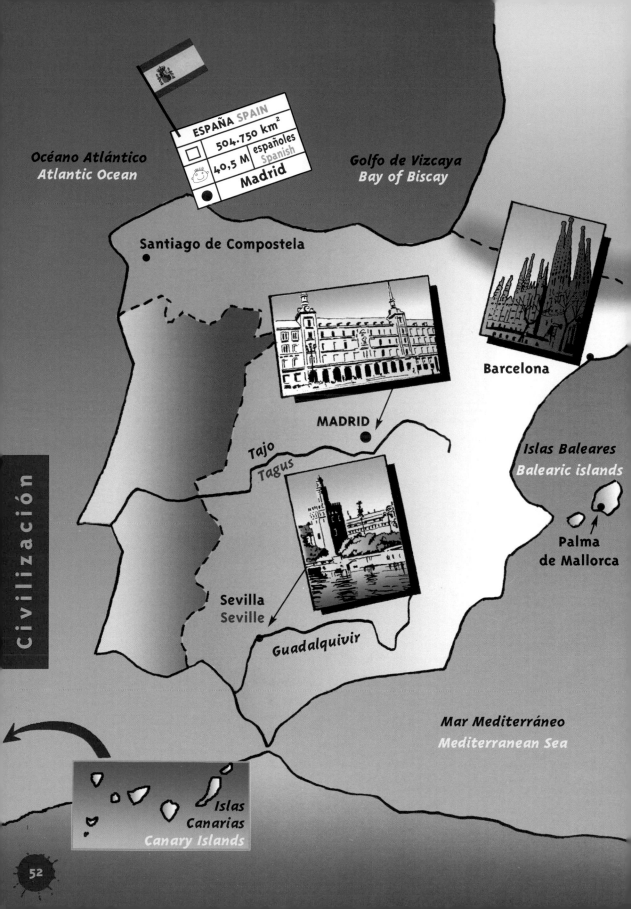

Océano Atlántico
**Atlantic Ocean**

Golfo de Vizcaya
**Bay of Biscay**

ESPAÑA SPAIN
504.750 km²
40,5 M españoles
Spanish
**Madrid**

Santiago de Compostela

Barcelona

MADRID

Tajo
Tagus

Islas Baleares
**Balearic islands**

Palma
de Mallorca

Sevilla
Seville

Guadalquivir

Mar Mediterráneo
**Mediterranean Sea**

Islas
Canarias
**Canary Islands**

Civilización

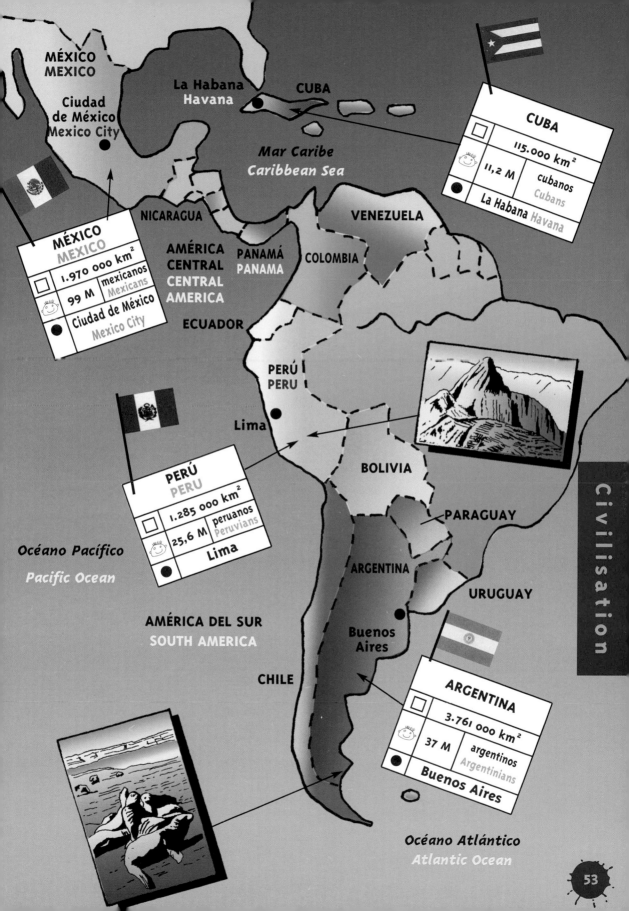

MÉXICO
MEXICO

Ciudad
de México
Mexico City

La Habana
Havana

CUBA

Mar Caribe
Caribbean Sea

| CUBA | |
| --- | --- |
| ☐ | 115.000 km² |
| 😊 11,2 M | cubanos Cubans |
| ⚫ | La Habana Havana |

VENEZUELA

NICARAGUA

| MÉXICO MEXICO | | |
| --- | --- | --- |
| ☐ | 1.970 000 km² | |
| 😊 | 99 M | mexicanos Mexicans |
| ⚫ | Ciudad de México Mexico City | |

AMÉRICA
CENTRAL
CENTRAL
AMERICA

PANAMÁ
PANAMA

COLOMBIA

ECUADOR

PERÚ
PERU

Lima

BOLIVIA

PARAGUAY

| PERÚ PERU | |
| --- | --- |
| ☐ | 1.285 000 km² |
| 😊 25,6 M | peruanos Peruvians |
| ⚫ | Lima |

Océano Pacífico
Pacific Ocean

ARGENTINA

URUGUAY

AMÉRICA DEL SUR
SOUTH AMERICA

CHILE

Buenos
Aires

| ARGENTINA | | |
| --- | --- | --- |
| ☐ | 3.761 000 km² | |
| 😊 | 37 M | argentinos Argentinians |
| ⚫ | Buenos Aires | |

Océano Atlántico
Atlantic Ocean

civilisation

53

# La Alhambra/The Alhambra

Entre los siglos VIII y XV, los árabes vivieron en España. Los últimos reyes moros se instalaron en la Alhambra de Granada (en Andalucía), que es un palacio suntuoso rodeado de magníficos jardines. A los árabes les debemos importantes conocimientos científicos y su influencia se nota en la música, la comida, la lengua, etc.

Between the eighth and fifteenth centuries Arabs lived in Spain. The last Moorish kings settled in the Alhambra de Granada (in Andalusia) which is a sumptuous palace surrounded by magnificent gardens. The Arabs can be credited with bringing important scientific knowledge and their influence can be seen in music, food and language etc.

# Don Quijote
# Don Quixote

Este libro, que Cervantes escribió en el siglo XVII, cuenta las aventuras imaginarias de Don Quijote, que se vuelve loco leyendo novelas de caballería. Con su escudero, Sancho Panza, lucha contra molinos de viento, pensando que son gigantes.

This book which Cervantes wrote in the seventeenth century recounts the imaginary adventures of Don Quixote who went mad reading novels about knights and chivalry. With his faithful squire Sancho Panza he battled windmills thinking they were giants.

# La corrida
# The Bullfight

Durante la corrida, el torero, vestido con un traje de muchos colores llamado "traje de luces", se enfrenta al toro con un capote rojo. Tras hacer algunos pases con el capote, el torero mata al toro con una espada. Este espectáculo tradicional es uno de los acontecimientos más importantes en las fiestas patronales de muchas ciudades españolas.

During the bullfight, the bullfighter who is dressed in a multicoloured costume called the "suit of lights" confronts the bull with a red cape. After making several passes with the cape the bullfighter kills the bull with a sword. In many Spanish villages this traditional performance is one of the most important events of the festivals held in honour of the village patron saint.

# Las Tapas
# Tapas

Los españoles suelen comer mucho más tarde que nosotros: ¡no es raro que coman sobre las tres y que cenen sobre las diez! Entre amigos, es frecuente ir de tapas, es decir, ir de bar en bar, tomar una copa y compartir varias raciones pequeñas de chorizo, tortilla, calamares, aceitunas, etc.

The Spanish usually eat much later than us - it's not unusual for them to have lunch about three o'clock and dinner about ten o'clock! It's common for friends to go from bar to bar having a drink and eating some "tapas", an assortment of small portions of chorizo, Spanish omelette, squid, olives, etc.

civilisation

# El Flamenco
# Flamenco

De Andalucía viene este estilo de música muy popular que combina el cante, el baile, la guitarra y las castañuelas. De origen muy antiguo, son los gitanos los que lo han mantenido vivo y todavía hoy las canciones se transmiten oralmente.

Flamenco is a type of music combining singing, dancing, guitar and castanets which originates in Andalusia. It is a very ancient tradition which has been kept alive by the gypsies who pass down the songs from one generation to another orally.

## Los Reyes Magos
## The Three Wise Men

En España es tradición que los tres Reyes Magos traigan los juguetes a los niños. La noche del 5 de enero, después del desfile llamado cabalgata, van de casa en casa y dejan los regalos dentro de los zapatos. Pero ojo: sólo los niños que han sido buenos reciben regalos. Los niños malos reciben carbón, aunque a veces es de azúcar.

In Spain, children traditionally receive toys brought by the Three Wise Men. On the night of January 5th, after the procession called "cabalgata", they go from house to house leaving presents inside shoes. But watch out – only children who have been good get presents! Those who have been bad get a lump of coal, although sometimes it's made of sugar.

# Los Aztecas
# The Aztecs

Son una civilización indígena de Latinoamérica muy importante. Hasta la llegada de los conquistadores españoles, fueron un gran imperio guerrero y agricultor en México. Adoraban a más de un dios (como el dios del sol, el dios de la lluvia, etcétera) y hacían sacrificios humanos.

The Aztecs are one of the most important indigenous civilisations of Latin America. Up until the arrival of the Spanish conquistadors they were a great military and agricultural empire in Mexico. They worshipped more than one god (like the god of sun, the god of rain, etc) and they made human sacrifices.

# Productos del Nuevo Mundo
# Products of the New World

¿Sabías que la patata, el café, el cacao y el maíz vienen de América? Cuando llegaron al nuevo continente, los españoles los descubrieron y los llevaron a España, introduciéndolos así en Europa.

Did you know that the potato, coffee, cocoa and corn came from America? The Spanish discovered them when they came to the new continent and brought them back to Spain, thus introducing them to Europe.

On the following pages you will find a real bilingual dictionary. This dictionary contains all of the Spanish words found in the text along with the English translation.

Also shown, are all of the sentences from the dialogues which you can find by looking up the underlined words in the speech bubbles.

If you want to translate the sentence **Soy vuestro amigo** and then look up the word **amigo** and you will find I'm your friend.

In Spanish, just as in English, some words have more than one meaning. Compare the two examples for the English word right: **1.** you're right **2.** take the third street on the right!

In the dictionary, when a Spanish word has two meanings, the meanings are numbered and they are often illustrated: **1.** doll **2.** wrist

**a:** está cerca, a sólo cinco minutos **andando** it's close, only a five minute walk away

**abajo** down

el **abecedario** alphabet

**abre** → abrir

**abrid** → abrir

el **abrigo** coat

**abril** April

**abrir** to open ❑ **abrid el cuaderno** open your exercise books ❑ **¡abre los ojos!** open your eyes!

la **abuela** grandmother

el **abuelo** grandfather

el **aceite** oil

**acercarse** to get close to ❑ **no te acerques tanto al gorila** don't get too close to the gorila

**acerques** → **acercarse**

el **actor** actor

la **actriz** actress

**adiós** bye-bye ❑ **adiós, mamá** bye-bye mum

la **afición** fans

la **agenda** address book

**agosto** August

el **agua** water

el **aguacate** avocado

el **águila** eagle ❑ **si fuera un águila...** if I was an eagle...

**ahí arriba** up there ❑ **mira ese nido, ahí arriba** look at the nest up there

**ahora** now ❑ **ahora que los niños van a la escuela** now that the children have gone to school...

**al** at

**al lado** next door ❑ **vivo en el árbol de al lado** I live in the tree next door

el **ala** wing

la **alfombra** rug

**algo** something, anything ❑ **¿hay algo de comida para mí?** is there anything for me to eat?

**allí** over there ❑ **no, el museo está allí** no, the museum is over there

la **almohada** pillow

**al revés** backward(s) ❑ **¡y hasta puedo volar al revés!** I can even fly backward(s)!

**alto, alta** 1. loud ❑ **la música está demasiado alta** the music is too loud 2. high ❑ **¡qué alto está el trapecio!** the trapeze is very high!

**amarillo, amarilla** yellow

el **amigo** friend ❑ **soy vuestro amigo** I'm your friend

**andando** → **andar**

**andar** to walk ❑ **está cerca, a sólo cinco minutos andando** it's close, only a five minute walk away

el **animal** animal

el **animal doméstico** pet ❑ **no es un animal doméstico** it's not a pet

el **anorak** anorak

el **año** year

el **aparcamiento** car park (*UK*), parking lot (*US*)

el **apio** celery

**apetecer** to feel like

**aprender** to learn ❑ **espero aprender algo nuevo hoy** I hope to learn something new today

**apuntar** to write down

**aquí** here ❑ **soy nuevo aquí** I'm new here

la **araña** spider

el **árbitro** referee

el **árbol** tree

el **arco iris** rainbow

la **arena** sand

**Argentina** ❑ **soy de Buenos Aires, en Argentina** I'm from Buenos Aires, in Argentina

un **argentino** Argentinian

el **armario** wardrobe (*UK*), closet (*US*)

**arriba** up

el **arroz** rice

el **artista** artist

el **ascensor** lift (*UK*), elevator (*US*)

el **astronauta** astronaut ❏ **de mayor, quiero ser astronauta** when I'm older, I want to be an astronaut

**atrás** backward(s) ❏ **¡camina hacia atrás!** walk backward(s)!

el **avión** plane (*UK*), airplane (*US*)

**ayer** yesterday ❏ **ayer fue jueves** yesterday was Thursday

**ayudar** to help ❏ **voy a ayudaros a aprender español** I'll help you learn Spanish

**ayudaros** → ayudar

el **azúcar** sugar

**azul** blue

**bailar** to dance ❏ **¿vamos a bailar?** let's dance!

**bajo, baja** short

la **ballena** whale

el **baloncesto** basketball

el **banco** bank

la **bañera** bath (*UK*), bathtub (*US*)

el **barco** boat

la **barriga** tummy

el **barrio** neighbo(u)rhood ❏ **un chico nuevo en el barrio** a new kid in the neighbo(u)rhood

la **batería** drums

**beber** to drink ❏ **¿y para beber?** and what would you like to drink?

la **bicicleta** bicycle

**bien** fine, good ❑ **bien, gracias** fine, thank you ❑ **¡muy bien!** very good! ❑ **no muy bien** not so good

**bienvenido, bienvenida** welcome ❑ **¡bienvenidos a nuestra casa!** welcome to our house!

el **billete** note (*UK*), bill (*US*)

**blanco, blanca** white

la **boca** mouth

el **bolígrafo** pen

el **bolsillo** pocket

el **bombero** fireman (*UK*), firefighter (*US*)

**bonito, bonita** beautiful ❑ **¡qué violín tan bonito!** what a beautiful violin!

el **bosque** forest

la **botella** bottle

el **brazo** arm

la **broma** joke ❑ **¡es broma!** just joking!

la **bruja** witch ❑ **¡como una bruja!** like a witch!

**buenas noches** good evening, good night

**bueno, buena** good ❑ **para eso tienes que ser muy bueno en matemáticas** for that you have to be very good at math(s)

**buenos días** good morning

la **bufanda** scarf

el **búho** owl

**buscar** to look for ❑ **vete a buscar leche fría a la nevera** go and get some cold milk from the fridge

el **caballo** horse

la **cabeza** head

62

la **cadena** chain

la **cadera** hip

la **caja** box

la **caja de herramientas** toolbox

el **cajero** cashier

el **cajón** drawer

los **calcetines** socks

la **calculadora** calculator

el **calendario** calendar

**caliente** hot ❑ **la leche está demasiado caliente** my milk is too hot

la **calle** street

el **calor** heat ❑ **sí, porque hace calor** yes because it's hot

la **cama** bed

el **cámara** cameraman

el **camarero** waiter ❑ **¡camarero!** waiter!

**camina** → **caminar**

**caminar** to walk ❑ **¡camina hacia delante!** walk forward(s)! ❑ **¡camina hacia atrás!** walk backward(s)!

el **camión** lorry (*UK*), truck (*US*)

el **camión de bomberos** fire engine (*UK*), fire truck (*US*)

la **camisa** shirt

la **camiseta** T-shirt

el **campo** field

la **canción** song

la **canoa** canoe

**cansado, cansada** tired ❑ **está muy cansado** he's very tired

la **cantante** singer

**cantar** to sing

el **capó** bonnet (*UK*), hood (*US*)

la **cara** face

la **carne** meat

la **carne de cerdo** pork

el **carnicero** butcher

la **carpa** big top

el **carpintero** carpenter ❑ **¿eres car-pintero?** are you a carpenter?

la **carretera** road

la **casa** house

el **casco** helmet

**casi** almost ❑ **¡ay!, ¡casi me da la pelota!** oops! the ball almost hit me!

el **castillo de arena** sandcastle

el **céntimo** cent

el **centro** centre (*UK*), center (*US*)

el **cepillo** hairbrush

el **cepillo de dientes** toothbrush

**cerca** close ❑ **está cerca, a sólo cinco minutos andando** it's close, only a five minute walk away

**cerca de** close to ❑ **qué bien, está cerca de mi casa** cool, that's close to my house

el **cerdo** pork

los **cereales** cereal

las **cerezas** cherries

**cero** zero

**cerrar** to close ❑ **¡cierra los ojos!** close your eyes!

el **champú** shampoo

la **chaqueta** jacket

el **chico** kid

el **chocolate** chocolate ❑ **¿has visto la tarta de chocolate?** have you seen the chocolate cake?

el **cielo** sky

**cien** a hundred

**cierra** → **cerrar**

**cinco** five

**cincuenta** fifty

la **cintura** waist

el **cinturón de seguridad** seat belt

el **circo** circus

el **círculo** circle

el **cirujano** surgeon

la **ciudad** town

**claro** of course ❏ **sí, claro** yes, of course

la **clase** classroom

el **clavo** nail

el **coche** car

el **coche de policía** police car

la **cocina** kitchen

el **cocinero** chef

el **codo** elbow

**coge** → **coger**

**coger** to take ❏ **¡coge el libro!** take the book! ❏ **luego coge la tercera calle a la derecha** then take the third street on the right

el **cohete** rocket

el **cojín** cushion

la **cola** tail

la **coliflor** cauliflower

la **colina** hill

el **color** colo(u)r ❏ **¿de qué color es mi chaqueta?** what colo(u)r is my jacket?

el **columpio** swing

el **comedor** dining room

**comer** to eat

la **cometa** kite

la **comida** food

la **comisaría** police station

**como** like ❏ **como en todos los lugares del mundo** like everywhere in the world

**cómo** how ❏ **¿cómo estás hoy?** how are you today?

la **compra** shopping ❏ **¿tienes la lista de la compra?** have you got the shopping list?

**con** with ❏ **es la niña rubia con la camiseta roja** she's the girl with blond hair and a red shirt

el **concierto** concert ❏ **¡qué concierto tan guay!** what a great concert!

el **conductor** driver

**conmigo** with me ❏ **¿te apetece venir al circo conmigo?** do you feel like coming to the circus with me?

**construir** to build ❏ **construyen casas y barcos** they build houses and boats

**construyen** → **construir**

**contento, contenta** happy ❏ **el gato está contento** the cat is happy

el **continente** continent

los **copos de nieve** snowflakes

el **cordero** lamb

**corren** → **correr**

**correos** post office

**correr** to run ❏ **los gatitos corren por todas partes** the kittens are running everywhere

las **cortinas** curtains

**creer** to believe, to think ❏ **creo que nos hemos perdido** I think we're lost

**creo** → **creer**

la **cría** baby animal

el **cuaderno** exercise book

el **cuadrado** square

**cuál** which ❏ **¿cuál es tu día preferido?** which day do you prefer?

**cuánto** how much ❏ **¿cuánto son**

cinco más siete? how much is five and seven?

**cuarto** quarter ❑ **las seis menos cuarto** quarter to six ❑ **las seis y cuarto** quarter past six

el **cuarto de baño** bathroom

**cuatro** four

la **cuchara** spoon

el **cuchillo** knife

el **cuello** neck

la **cuerda** rope

**¡cuidado!** careful!

el **cumpleaños** birthday ❑ **¡feliz cumpleaños!** happy birthday!

**da igual** → **dar igual**

**date la vuelta** → **darse la vuelta**

**dando de comer** → **dar de comer**

**dar** to give ❑ **tome, le doy un billete de veinte** here's a twenty

**dar de comer** to feed ❑ **el pájaro**

está dando de comer a sus crías the bird is feeding its babies

**dar igual:** pero a mí me da igual but it's all the same to me

**darse la vuelta** to turn round ❑ **¡date la vuelta!** turn round!

**darse prisa** to hurry ❑ **vale, pero date prisa** ok, but hurry up!

**date prisa** → **darse prisa**

**debajo de** under ❑ **el gato está debajo de la caja** the cat is under the box

los **deberes** homework

**decir** to say ❑ **¿qué decís?** what are you saying?

**decís** → **decir**

los **dedos** fingers

los **dedos del pie** toes

**déjame** → **dejar**

**dejar** to let ❑ **déjame ir al baño a mí primero** let me go to the bathroom first

**delante** in front ❑ **¡camina hacia delante!** walk forward(s)!

**delante de** in front of ❑ **el gato está delante de la caja** the cat is in front of the box

**deletread** → **deletrear**

**deletrear** to spell ❑ **deletread la palabra "español"** please spell the word "Español"

**delgado, delgada** slim

**demasiado** too, too much ❑ **la música está demasiado alta** the music is too loud

**dentro de** inside ❑ **el gato está dentro de la caja** the cat is inside the box

el **deporte** sport

la **derecha** right

el **desayuno** breakfast

**descansar** to rest ❑ **voy a poder descansar** I can rest

el **desierto** desert

el **desorden** mess ❑ **¡qué desorden!** what a mess!

el **despertador**
alarm clock

**después** then, afterward(s) ❑ **y después la segunda calle a la izquierda** then the second street on the left

el **destornillador** screwdriver

**detrás de** behind ❑ **el gato está detrás de la caja** the cat is behind the box

el **día** day

el **dibujo** drawing, picture

el **diccionario** dictionary

**diciembre** December

**diecinueve** nineteen

**dieciocho** eighteen

los **dientes** teeth

**diez** ten

**difícil** difficult ❑ **¿es difícil?** is it difficult?

la **dirección** address ❑ **voy a apuntar tu dirección** I'll write down your address

**divertido, divertida** 1. funny ❑

**el gato es divertido** the cat is funny **2.** fun ❑ **sí, ¡es muy divertido!** yes, it's fun!

**divertirse** to enjoy yourself ❑ **¡diviértete en la fiesta!** enjoy the party!

**diviértete** → **divertirse**

la **división** division

**doce** twelve

el **doctor** doctor

el **domador** lion tamer

**domingo** Sunday

**dónde** where ❑ **¿de dónde eres?** where are you from?

**dormir** to sleep ❑ **el gato está durmiendo en el sofá** the cat is sleeping on the sofa

**dos** two

**doy** → **dar**

la **ducha** shower

**durante** for ❑ **por la noche, podéis oírme cantar durante horas, uh, uh** at night, you can hear me singing for hours, whoooo whoooo

**durmiendo** → **dormir**

el **ecuador** equator

la **edad** age ❑ **sí, ¡un cuarto de la edad de papá!** yes, and a quarter of Dad's age!

el **edredón** blanket

el **elefante** elephant

**en 1.** in ❑ **vivo en el árbol de al lado** I live in the tree next door ❑ **en la calle Colón** in Colón Street **2.** on ❑ **el gato está durmiendo en el sofá** the cat is sleeping on the sofa

**encanta** → **encantar**

**encantan** → **encantar**

**encantar** to love ❑ **claro que sí, me encantan** of course, I love them ❑ **¡me encanta el helado!** I love ice cream!

**encima de** on, on top of ❑ **el gato está encima de las cajas** the cat is on top of the boxes

**encontrar** to find ❑ **no encuentro mi jersey azul** I can't find my blue sweater

**encuentro** → **encontrar**

**enero** January

**enfadado, enfadada** angry ❑ **el gato está enfadado** the cat is angry

la **enfermera** nurse

el **enfermo** patient

**enfrente de** across from ❑ **la panadería está enfrente del banco** the baker's is across from the bank

**en punto** on the dot ❑ **son las tres en punto** it's three o'clock on the dot

la **ensalada** salad

**enseñar** to show ❑ **¿me enseñas a jugar?** can you show me how to play?

**enseñas** ➜ **enseñar**

**entonces** then ❑ **bien, entonces tenemos dos horas para hacer los deberes** good, then we have two hours to do our homework

**en total** in total ❑ **en total, son dieciocho euros y cincuenta céntimos** in total, that's eighteen euros fifty

**entre** between ❑ **el gato está entre dos cajas** the cat is between two boxes

el **equipo** team

**eres** ➜ **ser**

**es** ➜ **ser**

las **escaleras** stairs

el **escalón** step

el **escenario** stage

la **escoba** broom

el **escondite** hide-and-seek

**escribid** ➜ **escribir**

**escribir** to write ❑ **escribid la fecha de hoy** write today's date

**escuchadme** ➜ **escuchar**

**escuchar** to listen ❑ **escuchadme** listen to me

la **escuela** school

**ese, esa, eso** that

**español** Spanish ❑ **voy a ayudaros a aprender español** I'll help you learn English

el **espejo** mirror

**espera** ➜ **esperar**

**esperar** 1. to wait ❑ **espera un minuto, por favor** wait a minute please **2.** to hope ❏ **espero aprender algo nuevo hoy** I hope to learn something new today

**espero** → **esperar**

el **esqueleto** skeleton

los **esquís** skis

la **esquina** corner

**está** → **estar**

la **estación** season

el **estadio** stadium

el **estante** bookshelf

**estar** to be ❏ **la leche está demasiado caliente** my milk is too hot ❏ **el gato está en la caja** the cat is in the box

la **estatua** statue

el **este** east

**este, esta, esto** this

la **estrella** star

la **estrella de mar** starfish

el **euro** euro

**fácil** easy ❏ **no es muy fácil** it's not very easy

la **falda** skirt

la **familia** family

el **faro** headlight

**febrero** February

la **fecha** date

**feliz** happy ❏ **feliz cumpleaños, Miguel** happy birthday, Miguel

la **fiesta** party ❏ **¡qué fiesta tan guay!** what a nice party!

la **figura** shape

el **filete** steak

la **flor** flower

la **foca** seal

los **fogones** cooker

el **fondo** bottom ❏ **el gato está en el fondo de la caja** the cat is in the bottom of the box

el **freno** brake

la **frente** forehead

la **fresa** stawberry

**frío, fría** cold

la **fruta** fruit

**fue** → ser

**fuera** → ser

**fuera de** outside ❑ **el gato está fuera de la caja** the cat is outside the box

el **fútbol** football (*UK*), soccer (*US*)

las **gafas de bucear** mask

la **gallina** chicken

el **ganador** winner

el **garaje** garage

el **gatito** kitten

el **gato** cat ❑ **¿dónde está nuestro gato?** where's our cat?

**genial** great ❑ **sí, es genial** yes, it's great

la **gente** people

la **geografía** geography

el **gol** goal

la **goma** rubber (*UK*), eraser (*US*)

**gordo, gorda** fat

el **gorila** gorilla

la **gorra** cap

**gracias** thank you ❑ **¡muchas gracias!** thank you very much!

**grande** large ❑ **una caja grande** a large box

la **granja** farm

el **granjero** farmer

**gris** grey

el **grupo** group

**¡guau!** wow

**guay** great ❑ **¡qué guay!** that's great!

los **guisantes** peas

la **guitarra** guitar

**gusta** → **gustar**

**gustan** → **gustar**

**gustar** to like ❑ **me gustaría ser profesor o astronauta** I'd like to be a teacher or an astronaut ❑ **¿no te gustan los payasos?** don't you like the clowns? ❑ **¿te gusta el verano?** ¿do you like summer?

**gustaría** → **gustar**

las **habas** broad beans

**haber:** **hay gente baja, gente gorda y gente delgada** there are short people, fat people and thin people

la **habitación** bedroom

**hablar** to talk ❑ **¡ni hablar!** forget it!

**hace** → **hacer**

**hacemos** → **hacer**

**hacen** → **hacer**

**hacer** to do ❑ **¿qué hacen los car-** pinteros? what does a carpenter do? ❑ **por fin hacemos deporte** at last we're doing sport ❑ **sí, ¡y hace tanto viento que podríamos volar con una escoba!** it's so windy we could fly on a broom!

**hacia** towards ❑ **si vas hacia el este durante mucho tiempo** if you walk east for a very long time

el **hambre** hunger ❑ **¡tengo mucha hambre!** I'm very hungry!

la **hamburguesa** hamburger

**hasta** **1.** until ❑ **hasta las cinco** until five o'clock **2.** even ❑ **¡y hasta puedo volar al revés!** I can even fly backward(s)!

**hay** → **haber**

el **helado** ice cream

la **hermana** sister

el **hermano** brother ❑ **sí, tengo un hermano menor** yes, I have a little brother

la **hierba** grass

la **hija** daughter

el **hijo** son

la **historia** story ❑ ¡qué historia! what a story!

la **hoguera** campfire

la **hoja** leaf

el **hombre** man

el **hombro** shoulder

la **hora** time ❑ Miguel, ¿qué hora es? Miguel, what time is it?

el **horno** oven

el **hospital** hospital

el **hotel** hotel

**hoy** today ❑ hoy es viernes today is Friday

**huele** → **oler**

el **huevo** egg

el **humo** smoke

**importa** → **importar**

**importar:** ❑ ¡no importa! forget it! ❑ no me importa I don't care

**imposible** impossible

la **impresora** printer

**incluso** even ❑ incluso con mis trucos de magia, la ciudad es un lugar peligroso para mí even with my magic tricks, a city is a dangerous place for me

**increíble** incredible ❑ ¡es increíble! this is incredible!

el **informático** programmer

el **instrumento** instrument

el **invierno** winter

la **invitación** invitation

**invitado, invitada** invited

**ir** to go ❑ es hora de ir a la escuela it's time to go to school ❑ ahora que los niños van a la escuela now that the children have gone to school ❑ y no tenemos que ir a la escuela and we don't have to go to school ❑ claro, vamos ok, come on

la **isla** island

la **izquierda** left ❑ y después la segunda calle a la izquierda and after that the second street on the left

el **jabón** soap

el **jamón** ham

el **jardín** garden

el **jardinero** gardener

la **jaula** cage

el **jersey** sweater

la **jirafa** giraffe

las **judías** beans

**jueves** Thursday

el **jugador** player

**jugando** → **jugar**

**jugar** to play ❑ **está jugando al escondite con nosotros** he's playing hide-and-seek with us

el **juguete** toy

la **juguetería** toy shop

**julio** July

**junio** June

el **ketchup** ketchup

la **lámpara** lamp

el **lápiz** pencil

el **látigo** whip

el **lavabo** washbasin

la **leche** milk

la **lechuga** lettuce

**lejos** far ❑ **el gato está lejos de las cajas** the cat is away from the boxes

la **lengua** tongue

**lento, lenta** slow ❑ **yo también puedo volar, pero soy lento** I can fly too, but I'm slow…

el **león** lion

**levanta** → **levantar**

**levantar** to lift up ❑ **¡levanta el pie!** lift your foot up!

**levantarse** to get up ❑ **¡levántate!** get up!

**levántate** → **levantarse**

el **libro** book

el **limón** lemon

la **lista** list

**listo, lista** ready ❑ **¿estás lista?** are you ready?

la **llama** flame

**llámame** → **llamar**

**llamar** to call ❑ **pero llámame Javi** but call me Javi

**llamarse** to be called ❑ **hola, me llamo Elena** hi, I'm called Elena

la **llanura** plain

la **llave** key

**llegar** to arrive ❑ **volverás a llegar aquí** you'll come back here

**lleno, llena** full ❑ **la caja está llena** the box is full

**llorar** to cry ❑ **¡llora!** cry!

**llover** to rain

**llueve** → **llover**

la **lluvia** rain

el **lugar** place

la **luna** moon

**lunes** Monday

la **madera** wood

la **madre** mother

**mágico, mágica** magic

el **mago** magician

la **maleta** suitcase

el **maletero** boot (*UK*), trunk (*US*)

**mamá** mum (*UK*), mom (*US*)

la **manguera** hose

el **manillar** handlebars

la **mano** hand

el **mantel** tablecloth

la **mantequilla** butter

la **manzana** apple

**mañana** tomorrow ❑ **mañana es sábado** tomorrow is Saturday

el **mar** sea ❑ **nadar en el mar, en el agua caliente** swimming in the sea, in warm water

el **marcador** scoreboard

el **marco de fotos** frame

la **mariposa** butterfly

**marrón** brown

**martes** Tuesday

el **martillo** hammer

**marzo** March

**más** 1. plus ❑ **¿y veinte más cinco?** and 20 plus 5? 2. more ❑ **aquí hay mucha más comida que en el bosque** there's much more food here than in the forest

el **mástil** mast

las **matemáticas** math(s)

el **matorral** bush

**mayo** May

**mayor** older ❑ **¿qué quieres ser de mayor?** what do you want to be when you're older?

el **mecánico** mechanic ❑ **es mecánico** he's a mechanic

**media** half ❑ **las doce y media** half past twelve

**medianoche** midnight

**mediodía** noon

la **mejilla** cheek

**mejor** better ❑ **es mejor que volvamos a casa** we had better go back home

**me llamo** → **llamarse**

el **melocotón** peach

el **melón** melon

**menor** younger

**menos** less

la **mermelada** jam

el **mes** month

la **mesa** table

**mi** my ❑ **está encima de mi cama** it's on my bed

**mí** me

el **micrófono** microphone

el **miedo** fear ❑ **da miedo, ¿a que sí?** it's scary, isn't it? ❑ **el gato tiene miedo** the cat is scared

la **miel** honey

**miércoles** Wednesday

**mil** a thousand

el **minuto** minute

el **mío,** la **mía** mine

**mirar** to look at ❑ **¡mira los dibujos en el libro!** look at the pictures in the book!

la **mochila** rucksack (UK), backpack (US)

la **moneda** coin

la **montaña** mountain ❑ **voy a la montaña** I'm going to the mountains

la **mostaza** mustard

el **motor** engine

**muchísimo, muchísima** very much

**mucho** very, a lot ❑ **mi mochila pesa mucho** my rucksack is very heavy

**muchos, muchas** many ❑

**muchas gracias** thank you very much

**mucho tiempo** a long time ❏ **no tardes mucho tiempo** don't stay too long

la **mujer** woman

la **multiplicación** multiplication

el **mundo** world ❏ **bienvenidos a mi mundo** welcome to my world

la **muñeca** 1. doll 2. wrist

el **muñeco de nieve** snowman

el **museo** museum

la **música** music

**muy** very

**nada** nothing

**nadar** to swim ❏ **nadar en el mar** swim in the sea

la **naranja** orange

la **nariz** nose

la **naturaleza** nature

el **naufragio** shipwreck

**necesitar** to need ❏ **yo no necesito nada para volar** I don't need anything to fly

**necesito** → **necesitar**

**negro, negra** black

el **neumático** tyre (*UK*), tire (*US*)

la **nevera** fridge

**ni** neither ❏ **¡ni hablar!** forget it!

el **nido** nest

la **nieve** snow

la **niña** girl

el **niño** boy

los **niños** children

**no** no

la **noche** night

el **norte** north

**nos hemos perdido** → **perderse**

**nosotros** we, us

**no te rías** → **reírse**

**noviembre** November

la **nube** cloud

**nuestro, nuestra** our ❑ **¿dónde está nuestro gato?** where's our cat?

**nueve** nine

**nuevo, nueva** new ❑ **soy vuestro nuevo profesor** I'm your new teacher

el **número** number ❑ **ah, sí, la que tiene el número 8** oh yes, the one with number 8

**nunca** never ❑ **los búhos nunca se ponen enfermos** owls are never ill

**o** or ❑ **¿negra o verde?** black or green?

el **océano** ocean

**ocho** eight

**octubre** October

el **oeste** west

**oigo** → **oír**

**oír** to hear ❑ **no os oigo** I can't hear you ❑ **por las noches, podéis oírme cantar durante horas** at night you can hear me for hours

**oírme** → **oír**

los **ojos** eyes

**oler** to smell ❑ **¡qué bien huele!** it smells good!

**olvidar** to forget ❑ **no olvides el helado** don't forget the ice cream

**olvides** → **olvidar**

el **ordenador** computer

la **oreja** ear

el **osito de peluche** teddy bear

el **oso** bear

el **otoño** autumn

el **otro** other ❑ **¿puede traerme otro zumo de naranja?** can I have another orange juice?

el **padre** father

los **padres** parents

la **paja** straw

el **pájaro** bird

la **pajita** straw

la **palabra** word

los **palillos** drumsticks

la **paloma** dove

el **pan** bread

la **panadería** baker's

la **pantalla** monitor

los **pantalones** trousers (*UK*), pants (*US*)

**papá** dad

el **papel** paper

**para** for ❑ ¿esta sopa es para ti? is the soup for you?

el **parabrisas** windscreen

el **paracaídas** parachute

el **parachoques** bumper (*UK*), fender (*US*)

el **paraguas** umbrella

la **pared** wall

el **parquímetro** parking meter

el **partido** game

**pasar** to pass ❑ ¿me pasas el azúcar, por favor? can you pass me the sugar please?

**pasas** → **pasar**

el **paso de cebra** pedestrian crossing

la **pasta** pasta

la **pasta de dientes** toothpaste

las **patatas** potatoes ❏ **las patatas fritas** chips (*UK*), fries (*US*), crisps (*UK*), chips (*US*) ❏ **una sopa, una hamburguesa con patatas fritas y una tarta de manzana** soup, a hamburger with chips (fries) and some apple pie

los **patines** rollerblades

el **pato** duck

el **payaso** clown ❏ **no te rías... ¡quiero ser payaso! ¿Y tú?** don't laugh; I want to be a clown! And you?

el **pecho** chest

el **pegamento** glue

**peinarme** → **peinarse**

**peinarse** to brush one's hair ❏ **tengo que peinarme** I need to brush my hair

**peligroso, peligrosa** dangerous

el **pelo** hair

la **pelota** ball

la **peluquería** hairdresser's

el **pepino** cucumber

**pequeño, pequeña** small ❏ **una caja pequeña** a small box

la **pera** pear

**perder** to lose

**perderse** to get lost ❏ **creo que nos hemos perdido** I think we're lost

**perdonar** to excuse ❏ **perdone, ¿dónde está la panadería?** excuse me, where's the baker's?

**perdone** → **perdonar**

el **periódico** newspaper

el **periodista** journalist

**pero** but ❏ **vale, pero date prisa** ok, but hurry up

el **perro** dog

**pesar** to weigh

el **pescado** fish (*food*)

el **pez** fish (*alive*)

el **piano** piano

el **pie** foot

la **pierna** leg

el **pijama** pyjamas

el **piloto** pilot

la **pimienta** pepper

el **pingüino** penguin

el **pintor** painter

la **piscina** swimming pool

la **pista de patinaje** roller rink

la **pizarra** blackboard (*UK*), chalk-board (*US*)

el **plátano** banana

el **plato** plate

la **playa** beach ❑ **voy a jugar a la playa** I'll play on the beach ❑ **ah, yo prefiero la playa** oh, I prefer the beach

la **pluma** feather

**pobre** poor ❑ **¡pobre!** poor you! ❑ **pobre Miguel** poor Miguel

**podéis** → **poder**

**poder** can ❑ **¿puedo ponerla?** can I wear it? ❑ **¿puedo ir al servicio?** can I go to the toilet (*UK*), washroom (*US*)? ❑ **por las noches, podéis oírme cantar durante horas** at night you can hear me for hours ❑ **sí, ¡y hace tanto viento que podríamos volar con una escoba!** yes, and it's so windy we could fly on a broom!

**podríamos** → **poder**

el **policía** policeman (*UK*), police officer (*US*)

el **polo sur** south pole

el **pomelo** grapefruit

**poner** 1. put ❑ ¡pon el libro sobre la mesa! put the book on the table! 2. put on ❑ ¿puedo ponerla? can I put it on?

**ponerla** → **poner**

**ponerse enfermo** to take ill ❑ los búhos nunca se ponen enfermos owls are never ill

**por favor** please ❑ ¿me pasas el azúcar, por favor? can I have the sugar, please? ❑ espera un minuto, por favor just a minute, please ❑ sentaos, por favor please sit down ❑ un zumo de naranja, por favor an orange juice please

**por fin** at last ❑ por fin hacemos deporte sport, at last

**por qué** why ❑ ¿por qué? why?

**por todas partes** everywhere

**porque** because ❑ porque los domingos no voy a la escuela because I don't go to school on Sundays

el **portero** goalkeeper

**preferido, preferida** favourite

**preferir** to prefer ❑ ah, yo prefiero la playa oh, I prefer the beach

**prefiero** → **preferir**

la **primavera** spring

**primero** first

el **primo** cousin

los **prismáticos** binoculars

la **profesión** job

el **profesor** teacher

el **público** audience

**puedo** → **poder**

el **puente** bridge

la **puerta** door

el **pulgar** thumb

el **pulpo** octopus

el **pupitre** desk

**que aproveche** enjoy your meal

**querer** to want ❑ ¿quieres tosta-das? would you like some toast? ❑ ¡quiero ser payaso! I want to be a clown!

el **queso** cheese

**quién** who ❑ ¿de quién es esta bufanda? whose scarf is this?

**quieres** → **querer**

**quiero** → **querer**

la **radio** radio

la **raíz** root

la **rama** branch

la **rana** frog

**rápido, rápida** quick ❑ es muy rápida she's very quick

la **raqueta** racquet ❑ ¿es una raque-ta de squash? is this a squash racket?

**raro, rara** strange ❑ qué raro, ¿no? strange, isn't it?

el **rascacielos** skyscraper

el **ratón** mouse

el **ratoncito** little mouse ❑ mmm,

un ratoncito, ¡ñam, ñam! a little mouse, yummy, yummy

el **rectángulo** rectangle

**recto** straight ❑ sigue todo recto por esta calle carry on straight down this street

**redondo, redonda** round ❑ tie-nes razón: la Tierra es redonda you're right, the earth is round

el **refugio** shelter

el **regalo** present

**reírse** to laugh ❑ ¡ríete! laugh! ❑ no te rías... don't laugh...

el **relámpago** lightning ❑ ¿has visto el relámpago? did you see the light-ning?

el **reloj** watch

la **resta** subtraction

el **restaurante** restaurant

los **restos de un naufragio** ship-wreck

**rico, rica** delicious ❑ ¡seguro que está muy rica! it looks delicious

**ríete** → **reírse**

el **río** river

el **robot** robot

la **rodilla** knee

**rojo, roja** red

la **ropa** clothes

**rosa** pink

**rubio, rubia** blond

la **rueda** wheel

**sábado** Saturday

la **sábana** sheet

**saber** to know ❏ **no lo sé** I don't know

la **sal** salt

la **salchicha** sausage

la **salida** exit

el **salón** living room

**salta** → **saltar**

**saltar** to jump ❏ **¡salta!** jump! ❏ **el gato salta sobre la caja** the cat is jumping over the box

la **sandía** watermelon

el **sándwich** sandwich

el **satélite** satellite

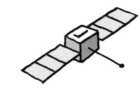

**sé** → **saber**

la **sed** thirst ❏ **tengo muchísima sed** I'm really thirsty

**seguir** to continue ❏ **sigue todo recto por esta calle** continue straight down this street

**segundo, segunda** second

**seguro, segura** sure ❏ **no sé, no estoy seguro** I don't know, I'm not sure

**seis** six

la **selva** jungle

el **semáforo** traffic lights

la **semana** week

**sentaos** → **sentarse**

**sentarse** to sit down ❏ **¡siéntate!** sit down! ❏ **sentaos, por favor** please sit down

**sentirse** to feel ❑ **¿cómo te sientes?** how do you feel?

**se ponen enfermos** → **ponerse enfermo**

**septiembre** September

**ser** to be ❑ **soy vuestro amigo** I'm your friend ❑ **es una familia muy simpática** this is a nice family ❑ **¡es broma!** just joking! ❑ **soy de Buenos Aires, en Argentina** I'm from Buenos Aires, in Argentina ❑ **¿en Argentina sois todos tan altos?** are all Argentinians so tall? ❑ **¿eres carpintero?** are you a carpenter? ❑ **si fuera un águila...** If I was an eagle... ❑ **son las tres en punto** It's three o'clock on the dot ❑ **hoy es viernes, ayer fue jueves y mañana es sábado** today is Friday, yesterday was Thursday and tomorrow is Saturday

el **servicio** toilet (UK), washroom (US)

la **servilleta** napkin

**si** if ❑ **si es rosa, es mía** if it's pink, it's mine

**sí** yes ❑ **sí, gracias** yes, please

**siéntate** → **sentarse**

la **sierra** saw

**siete** seven

**sigue** → **seguir**

**¡silencio!** silence!

la **silla** chair

**simpático, simpática** nice

el **sitio** place ❑ **¡qué sitio tan bonito!** what a lovely place!

**sobre** on ❑ **el gato está sobre la caja** the cat is on the box

el **sobre** envelope

**sobre todo** especially ❑ **¡sí, me gustaría mucho! sobre todo para ver los animales** I'd like to very much, especially to see the animals

el **sofá** sofa

**sois** → **ser**

el **sol** sun

**sólo** only

la **sombra** shadow

el **sombrero** hat

**son** → **ser**

**sonreír** to smile □ ¡**sonríe!** smile!

**sonríe** → **sonreír**

la **sopa** soup

**soy** → **ser**

el **squash** squash

el **submarino** submarine

el **suelo** floor

el **sueño** dream □ ¡**un sueño impo-sible!** an impossible dream!

la **suma** addition

**sumar** to add □ **ahora vamos a sumar** time for some addition

el **supermercado** supermarket

el **sur** south

la **tabla de surf** surfboard

el **taladro** drill

**también** too □ **yo también** me too □ **yo también, pero a mi padre le gusta mucho ir a la montaña** me too but my father likes to go to the mountains

**tan** so □ **¿en Argentina sois todos tan altos?** are all Argentinians so tall?

**tanto** so much □ **no te acerques tanto al gorila** don't get too close to the gorilla

**tardar** to stay long □ **vale, pero no tardes mucho tiempo** ok but don't stay too long

**tarde** late □ **vamos a llegar tarde** we'll be late

**tardes** → **tardar**

la **tarta de chocolate** chocolate cake

la **tarta de manzana** apple pie

el **taxi** taxi

el **taxista** taxi driver

la **taza** cup

el **tazón** bowl

el **té** tea

el **techo** ceiling

el **teclado** keyboard

las **teclas** keys

el **tejado** roof

el **teléfono** telephone

el **telesilla** ski lift

la **televisión** television

el **tenedor** fork

**tenemos** → **tener**

**tener** to have ❑ **¿tienes hermanos o hermanas?** do you have any brothers or sisters? ❑ **el gato tiene miedo** the cat is scared ❑ **¡tengo mucha hambre !** I'm very hungry!

**tener que** to have to ❑ **tengo que peinarme** I have to brush my hair ❑ **y no tenemos que ir a la escuela** and we don't have to go to school

**tengo** → **tener**

**tengo que** → **tener que**

el **tenis** tennis

**tercer, tercero, tercera** third

la **ternera** veal

**te sientes** → **sentirse**

**ti** you

la **tía** aunt

el **tiburón** shark

el **tiempo** time ❑ **¿cuánto tiempo?** how long?

la **tienda** shop (*UK*), store (*US*)

la **tienda de campaña** tent

**Diccionario**

**tiene** → **tener**

**tienes** → **tener**

la **Tierra** earth

el **tigre** tiger

las **tijeras** scissors

el **tío** uncle

**tirar:** ¡**tírate de la oreja!** pull your ear!

**tírate** → **tirar**

el **tiro** shot

la **tiza** chalk

la **toalla** towel

el **tobillo** ankle

**tocar** 1. to touch ❏ ¡**tócate la nariz!** touch your nose! 2. to play ❏ **sí, toco este instrumento en el grupo** yes, I play this instrument in the group

**tócate** → **tocar**

**toco** → **tocar**

**todo** all ❏ **¿cuánto es todo?** how much is all that?

**tomar** 1. to drink ❏ **¿qué quieres tomar?** what would you like to drink? 2. to take ❏ **tome, le doy un billete de veinte** here's a twenty

el **tomate** tomato

**tome** → **tomar**

la **tormenta** storm

la **torre** tower

la **tortilla** omelette

la **tortuga** turtle

la **tostada** a piece of toast

el **total** total

**trabajan** → **trabajar**

**trabajar** to work ❏ **trabajan con madera** they work with wood

**traer** to bring ❏ **¿puede traerme otro zumo de naranja?** can I have another orange juice?

**traerme → traer**

el **trapecio** trapeze

**tres** three

el **triángulo** triangle

**triste** sad ❏ **el gato está triste** the cat is sad

la **trompeta** trumpet

el **tronco** trunk

el **truco de magia** magic trick

**tu** your ❏ **¡mira, se puede ver tu mano!** look, you can see your hand! ❏ **está encima de tu cama** it's on your bed

**tú** you ❏ **me llamo Elena, ¿y tú?** I'm called Elena, and you?

las **uñas** nails

**uno** one

las **uvas** grapes

la **vaca** cow

las **vacaciones** holidays (*UK*), vacation (*US*) ❏ **¿qué vas a hacer durante las vacaciones?** what will you do for your holidays/vacation?

**vacío, vacía** empty ❏ **la caja está vacía** the box is empty

**vale** ok ❏ **vale, te espero** ok, I'll wait for you

**vamos** come on ❏ **claro, vamos** ok, come on

**van → ir**

los **vaqueros** jeans

el **vaso** glass

el **vecino** neighbo(u)r

**veinte** twenty

**veinticinco** twenty-five

la **vela** sail

las **velas** candles

el **velero** sailing boat

**venga:** venga, **Elena** come on, Elena

**venir** to come

la **ventana** window

**ver** to see ❏ ¿ves a mi hermana? can you see my sister? ❏ ¿has visto el relámpago? did you see the lightning?

el **verano** summer

**verde** green

la **verdura** vegetables

la **verja** gate

**ves** → **ver**

el **vestido** dress

**vete** → **ir**

el **videojuego** video game

el **viento** wind

**viernes** Friday

el **vinagre** vinegar

el **violín** violin

**vives** → **vivir**

**vivir** to live ❏ ¿dónde vives? where do you live?

el **volante** steering wheel

**volar** to fly

el **volcán** volcano

el **voleibol** volleyball

**volvamos** → **volver**

**volver** 1. to come back ❏ **volverás a llegar aquí** you'll come back here 2. to go back ❏ **ya, pero es mejor que volvamos a casa** yes, but it's better if we go back home

**volverás** → **volver**

**voy** → **ir**

la **vuelta** 1. turn ❑ ¡date la vuelta! turn round! 2. change ❑ **gracias, aquí tienes la vuelta: un euro cincuenta** thank you, here's your change: one euro fifty

**vuestro, vuestra** your

**y** and ❑ **¿doce y siete?** twelve and seven?

**ya** 1. now, already ❑ **¡ya tienes diez años!** you are ten now! 2. yes ❑ **ya, pero es mejor que volvamos a casa** yes, but it's better if we go back home ❑ **¡ya voy!** I'm coming!

**yo** I ❑ **y yo soy Miguel** and I'm Miguel

el **yogur** yoghurt

la **zanahoria** carrot

las **zapatillas** slippers

los **zapatos** shoes

el **zumo** juice

el **zumo de naranja** orange juice

# Números cardinales/Cardinal numbers

| English | No. | Español | | English | No. | Español |
|---|---|---|---|---|---|---|
| zero | 0 | **cero** | | twenty-seven | 27 | **veintisiete** |
| one | 1 | **uno** | | twenty-eight | 28 | **veintiocho** |
| two | 2 | **dos** | | twenty-nine | 29 | **veintinueve** |
| three | 3 | **tres** | | thirty | 30 | **treinta** |
| four | 4 | **cuatro** | | thirty-one | 31 | **treinta y uno** |
| five | 5 | **cinco** | | thirty-two | 32 | **treinta y dos** |
| six | 6 | **seis** | | forty | 40 | **cuarenta** |
| seven | 7 | **siete** | | fifty | 50 | **cincuenta** |
| eight | 8 | **ocho** | | sixty | 60 | **sesenta** |
| nine | 9 | **nueve** | | seventy | 70 | **setenta** |
| ten | 10 | **diez** | | seventy-one | 71 | **setenta y uno** |
| eleven | 11 | **once** | | eighty | 80 | **ochenta** |
| twelve | 12 | **doce** | | ninety | 90 | **noventa** |
| thirteen | 13 | **trece** | | ninety-one | 91 | **noventa y uno** |
| fourteen | 14 | **catorce** | | | | |
| fifteen | 15 | **quince** | | | | |
| sixteen | 16 | **dieciséis** | | | | |
| seventeen | 17 | **diecisiete** | | | | |
| eighteen | 18 | **dieciocho** | | | | |
| nineteen | 19 | **diecinueve** | | | | |
| twenty | 20 | **veinte** | | | | |
| twenty-one | 21 | **veintiuno** | | | | |
| twenty-two | 22 | **veintidós** | | | | |
| twenty-three | 23 | **veintitrés** | | | | |
| twenty-four | 24 | **veinticuatro** | | | | |
| twenty-five | 25 | **veinticinco** | | | | |
| twenty-six | 26 | **veintiséis** | | | | |

| Números cardinales/Cardinal numbers | | |
|:---:|:---:|:---:|
| one hundred | 100 | **cien** |
| one hundred and one | 101 | **ciento uno** |
| five hundred | 500 | **quinientos** |
| seven hundred | 700 | **setecientos** |
| nine hundred | 900 | **novecientos** |
| one thousand | 1 000 | **mil** |
| one thousand and twenty | 1 020 | **mil veinte** |
| one thousand six hundred and six | 1 606 | **mil seiscientos seis** |
| two thousand | 2 000 | **dos mil** |
| one million | 1 000 000 | **un millón** |
| one billion | 1 000 000 000 | **mil millones** |

## Números ordinales/Ordinal numbers

| | | | |
|---|---|---|---|
| first | 1st | 1° | **primer(o)** |
| second | 2nd | 2° | **segundo** |
| third | 3rd | 3° | **tercer(o)** |
| fourth | 4th | 4° | **cuarto** |
| fifth | 5th | 5° | **quinto** |
| sixth | 6th | 6° | **sexto** |
| seventh | 7th | 7° | **séptimo** |
| eighth | 8th | 8° | **octavo** |
| ninth | 9th | 9° | **noveno** |
| tenth | 10th | 10° | **décimo** |
| eleventh | 11th | 11° | **undécimo** |
| twelfth | 12th | 12° | **duodécimo** |
| thirteenth | 13th | 13° | **decimotercer(o)** |
| fourteenth | 14th | 14° | **decimocuarto** |
| fifteenth | 15th | 15° | **decimoquinto** |
| sixteenth | 16th | 16° | **decimosexto** |
| seventeenth | 17th | 17° | **decimoséptimo** |
| eighteenth | 18th | 18° | **decimoctavo** |
| ninteenth | 19th | 19° | **decimonoveno** |
| twentieth | 20th | 20° | **vigésimo** |
| twenty-first | 21st | 21° | **vigésimo primer(o)** |
| twenty-second | 22nd | 22° | **vigésimo segundo** |
| twenty-third | 23rd | 23° | **vigésimo tercer(o)** |
| thirtieth | 30th | 30° | **trigésimo** |
| hundredth | 100th | 100° | **centésimo** |
| hundred and first | 101st | 101° | **centésimo primer(o)** |
| thousandth | 1 000th | 1000° | **milésimo** |

Activities

## Complete the words

*Put the missing part of the word in the right place*

| _ _ ña | ven_ _ _ _ |  | to | tana |
|--------|-----------|--|----|------|
| _ _ lón | ga _ _ |  | sa | ni |

## Join the word to the right picture

muñeca

despertador

puerta

bañera

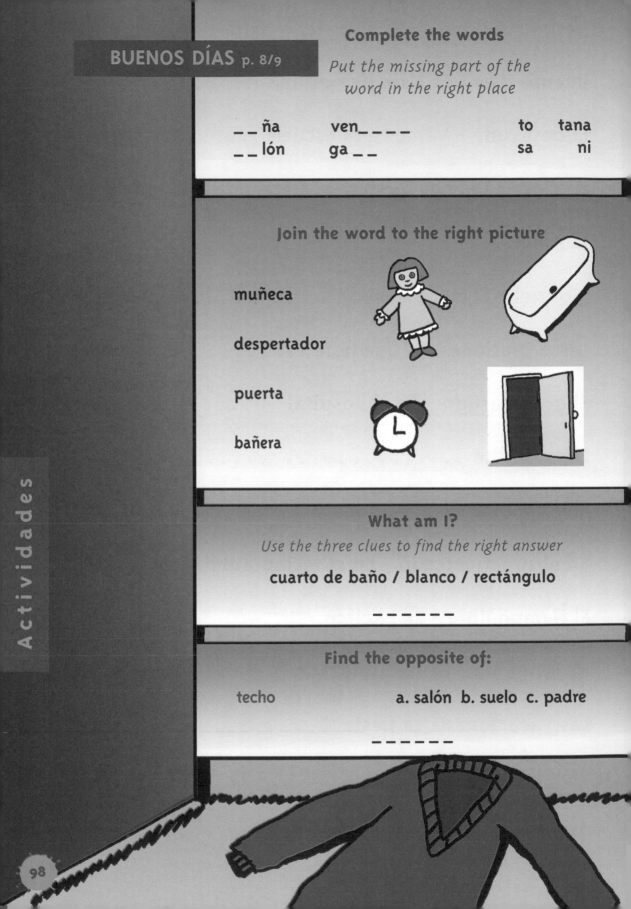

## What am I?

*Use the three clues to find the right answer*

**cuarto de baño / blanco / rectángulo**

_ _ _ _ _ _ _

## Find the opposite of:

techo          a. salón  b. suelo  c. padre

_ _ _ _ _ _ _

Actividades

*Use the three clues to
find the right answer*

**rectángulo / cuatro patas / sábana**

_ _ _ _ _ _

## Complete the sentence

*Put the words in the right place*

¿De quién es _ _ _ _   _ _ _ _ _ _ _ ?          lista?

¿De _ _ _   _ _ _ _ _ es mi chaqueta?      qué color

¿Estás _ _ _ _ _ _                              esta bufanda

## Find the opposite of:

sí          a. es     b. ni     c. no

_ _ _ _ _ _

## Unscramble

*Put the letters in the right order*

danfuba _ _ _ _ _ _ _      sitevod _ _ _ _ _ _ _      korana _ _ _ _ _ _

**What am I?**

*Use the three clues to find the right answer*

**frío / puerta / comida**

_ _ _ _ _ _

## The right order

*Put the words in the right order*

**demasiado, leche, caliente, está, la**

_ _ _ _ _ _ _

## Complete the sentence

*Put the words in the right place*

Vete a buscar _ _ _ _ _
fría a la nevera        algo

¿Me pasas _ _
_ _ _ _ _ _ , por favor?        leche

¿Hay _ _ _ _ de comida
para mí?        el azúcar

## Find the opposite of:

frío

a. claro
b. plato
c. caliente

_ _ _ _ _ _

Actividades

## Find the opposite of:

abajo   a. arriba   b. ahora   c. mucho

_ _ _ _ _ _

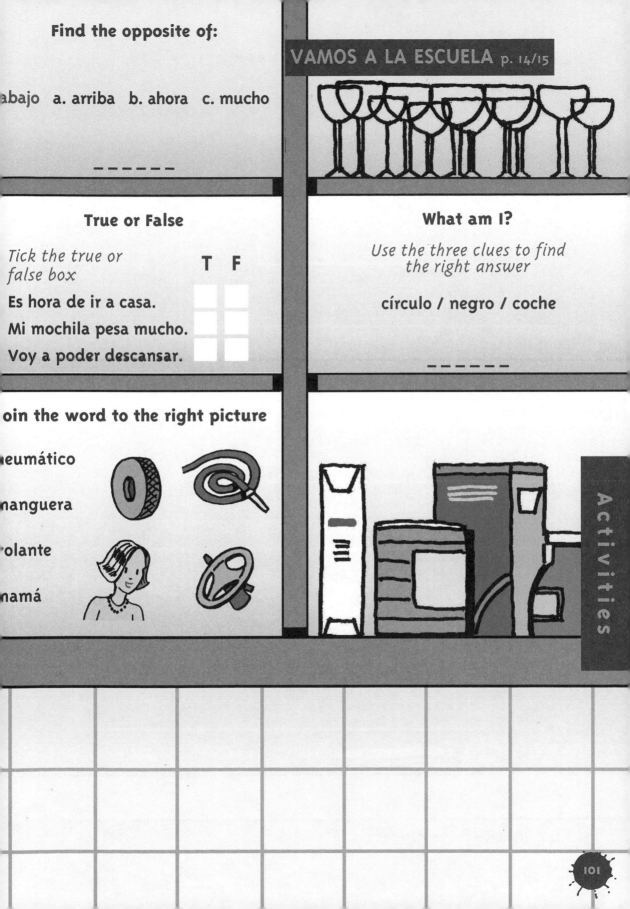

## True or False

_Tick the true or false box_

| | T | F |
|---|---|---|
| Es hora de ir a casa. | | |
| Mi mochila pesa mucho. | | |
| Voy a poder descansar. | | |

## What am I?

_Use the three clues to find the right answer_

círculo / negro / coche

_ _ _ _ _ _

## Join the word to the right picture

neumático

manguera

volante

mamá

Activities

101

## What am I?

Use the two clues to
find the right answer

**figura / centro**

_ _ _ _ _ _

## Find the opposite of:

cerrar

a. esperar
b. abrir
c. aprender

_ _ _ _ _ _

## Complete the sentence

Put the words in the right place

_ _ _ _ _ _ _ _ , por favor.     Escuchadme

¡Silencio! _ _ _ _ _ _ _ _ _ _ .     Escribid

_ _ _ _ _ _ _ _ _ la fecha de hoy.     Sentaos

## Join the word to the right picture

tiza

círculo

libro

calculadora

Actividades

*Use the two clues to find the right answer*

número / después del siete

_ _ _ _ _ _ _

**Complete the sentence**

*Put the words in the right place*

¡Vamos a _ _ _ _ _ _ _ _ matemáticas!   volar

Yo también puedo _ _ _ _ _.   De mayor

_ _ _ _ _ _ _, quiero ser astronauta.   estudiar

**Find the opposite of:**

suma

a. multiplicación
b. resta
c. división

_ _ _ _ _ _

**Complete the words**

*Put the missing part of the word in the right place*

tro
hete
divi
su

_ _ _ _ sión   cua_ _ _
_ _ ma   co _ _ _ _

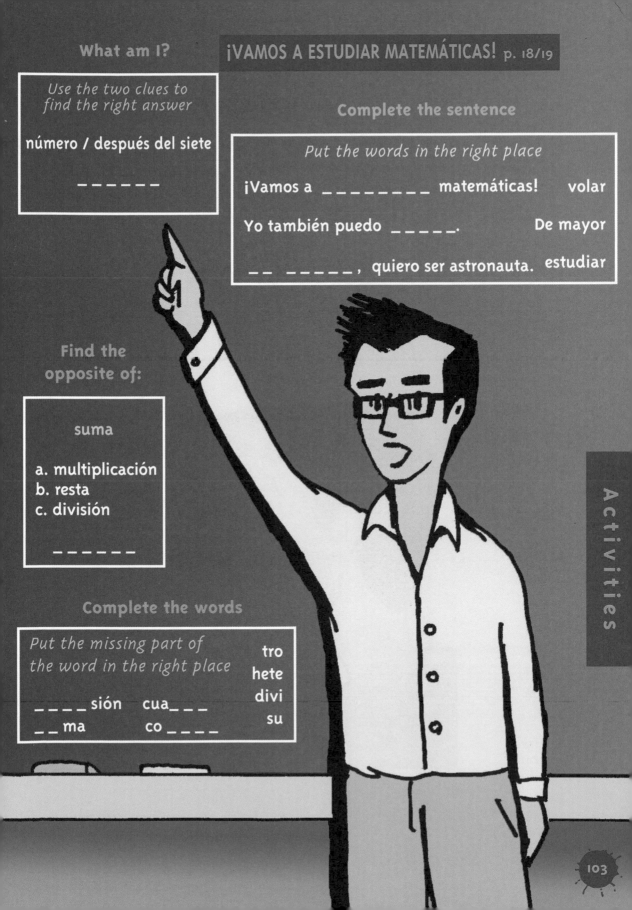

Join each phrase to

¡Date la vuelta!

¡Levanta
el pie!

¡Levántate!

¡Llora!

¡Mira
los dibujos
en el libro!

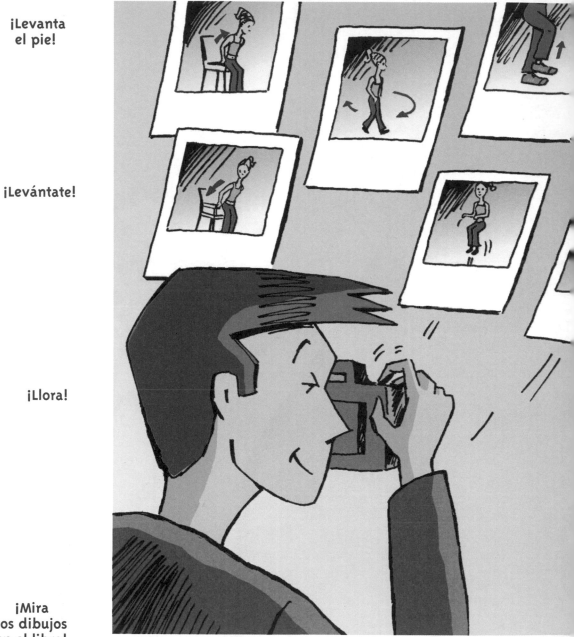

¡Abre
los ojos!

¡Coge el libro!

Actividades

## the right photo

¡Salta!

¡Siéntate!

¡Camina hacia atrás!

¡Cierra los ojos!

¡Camina hacia delante!

¡Ríete!

¡Tócate la nariz!

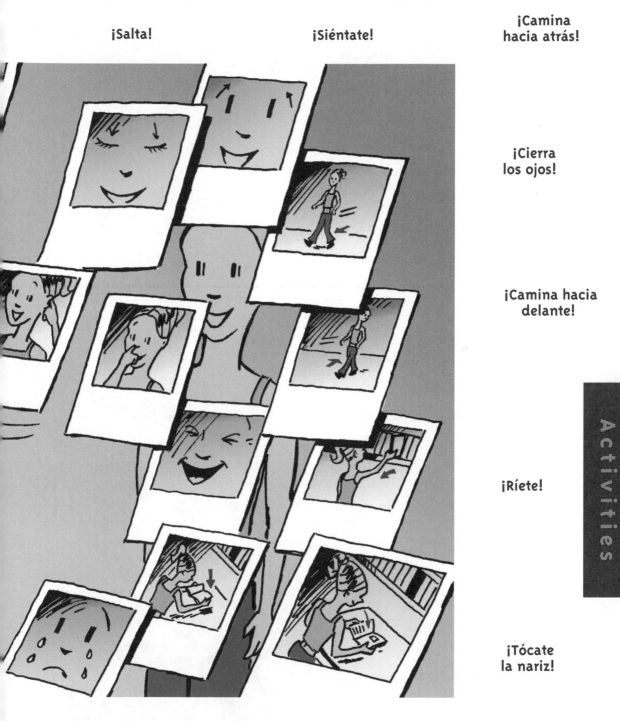

¡Pon el libro sobre la mesa!

¡Tírate de la oreja!

## Complete the sentence
*Put the words in the right place*

¡Abre _ _ _   _ _ _ _ !          el libro

¡_ _ _ _  la vuelta!          los ojos

¡Coge _ _  _ _ _ _ _ !          Date

## Find the opposite of:

Ríete    a. sonríe   b. llora   c. salta

_ _ _ _ _ _

## The right order
*Put the words in the right order*

dibujos, libro, Mira, los, el, en, ¡, !

_ _ _ _ _ _

Actividades

106

**Find the object**

*Use the three clues to find the right answer*

dos ruedas / manillar / cadena

_ _ _ _ _ _ _

**Find the opposite of:**
gorda

a. baja  b. nuevo  c. delgada

_ _ _ _ _ _

**Join the word to the right picture**

cadena
casco
frenos
bicicleta

**Complete the sentence**
*Put the words in the right place*
Buenos Aires / hermanos / dirección

Voy a apuntar tu _ _ _ _ _ _ _ _ _.

Soy de _ _ _ _ _ _  _ _ _ _ _.

¿Tienes _ _ _ _ _ _ _ _ o hermanas?

Activities

107

**Find the synonym of:**

doctor

a. cirujano
b. periodista
c. cámara

_ _ _ _ _ _

**The right order**

*Put the words in the right order*

**fuera, águila, un, si**

_ _ _ _ _ _

**What am I?**

*Use the three clues to find the right answer*

**clavos / sierra / destornillador**

_ _ _ _ _ _

**True or False**

*Tick the true or false box*

Me gustaría ser profesor o astronauta.

Los carpinteros construyen aviones.

Los carpinteros trabajan con madera.

Actividades

108

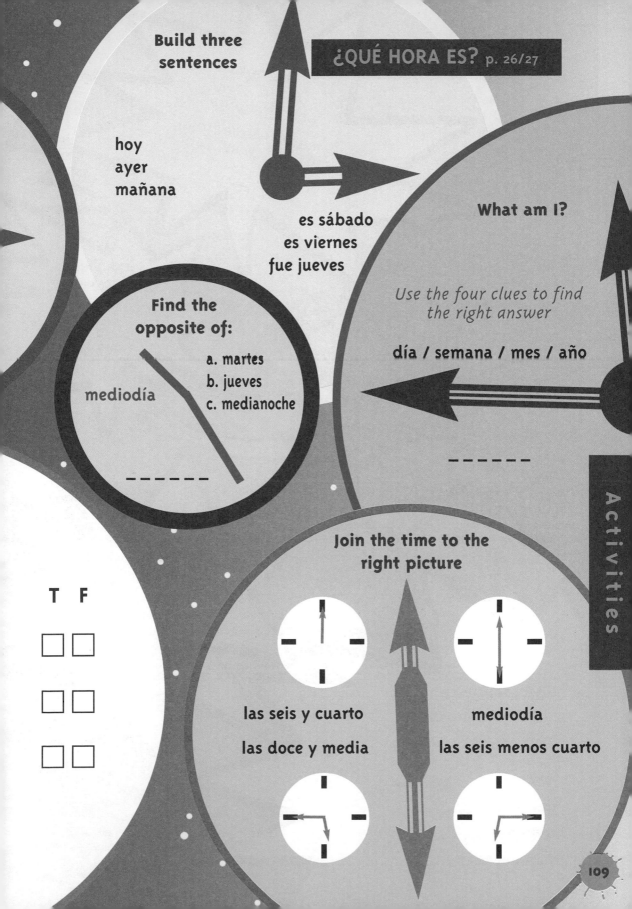

**Build three sentences**

hoy
ayer
mañana

es sábado
es viernes
fue jueves

**What am I?**

*Use the four clues to find the right answer*

**día / semana / mes / año**

– – – – – –

**Find the opposite of:**

mediodía

a. martes
b. jueves
c. medianoche

– – – – – –

A c t i v i t i e s

T  F

☐ ☐

☐ ☐

☐ ☐

**Join the time to the right picture**

las seis y cuarto

las doce y media

mediodía

las seis menos cuarto

109

**The right order**

*Put the words in the right order*

camiseta, rubia, roja, niña, la, la, es, con

_ _ _ _ _ _

**Find the opposite of:**

hermana

a. hombre  b. mujer
c. hermano

_ _ _ _ _ _

**What am I?**

*Use the three clues to find the right answer*

cola, piloto, ala

_ _ _ _ _ _

**Unscramble**

*Put the letters in the right order*

daronag _ _ _ _ _ _ _

darujog _ _ _ _ _ _ _

trepode _ _ _ _ _ _ _

cstnlbaoeo _ _ _ _ _ _ _ _ _ _

**Actividades**

**Complete the sentence**

*Put the words in the right place*

Qué _ _ _ _, ¿no?          nunca

Los búhos _ _ _ _ _          raro
se ponen enfermos.

¿Cómo te _ _ _ _ _ _ _ ?          sientes

## What am I?
*Use the four clues to find
the right answer*

frente / nariz / ojos / boca

_ _ _ _ _ _

**find the opposite of:**

bien          a. enfermo  b. cuello
                    c. lengua

_ _ _ _ _ _

**Join the word to
the right picture**

lengua

uña

mano

pierna

*Join each sentence to*

El gato está contento.

El gato está en la caja.

El gato
es divertido.

La caja está
llena.

El gato está
debajo
de la caja.

El gato
está
triste.

El gato está
delante
de la caja.

El gato está
encima
de las cajas.

La caja
está vacía.

El gato está lejos
de las cajas.

## the right picture

El gato está fuera de la caja.

El gato salta sobre la caja.

El gato está enfadado.

El gato tiene miedo.

El gato está detrás de la caja.

Una caja grande.

El gato está entre dos cajas.

El gato está sobre la caja.

El gato está dentro de la caja.

El gato está en el fondo de la caja.

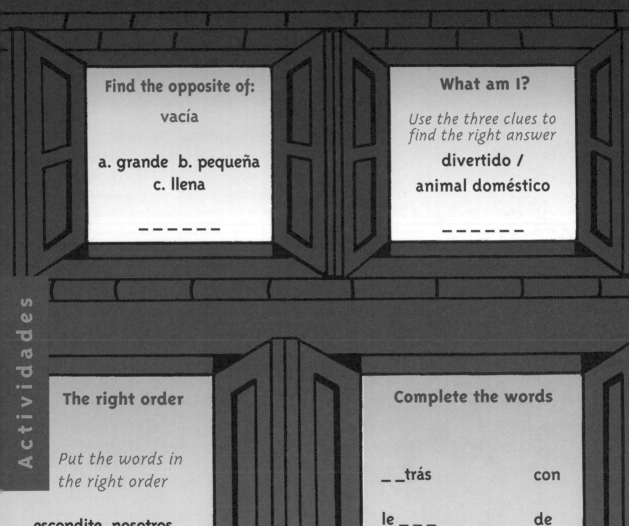

**Actividades**

### Find the opposite of:

vacía

a. grande  b. pequeña
c. llena

_ _ _ _ _ _

### What am I?

*Use the three clues to
find the right answer*

**divertido /
animal doméstico**

_ _ _ _ _ _

### The right order

*Put the words in
the right order*

escondite, nosotros,
jugando, con, al, está

_ _ _ _ _ _

### Complete the words

_ _trás                    con

le _ _ _                    de

_ _ _tento                jos

gati _ _ _                 tos

114

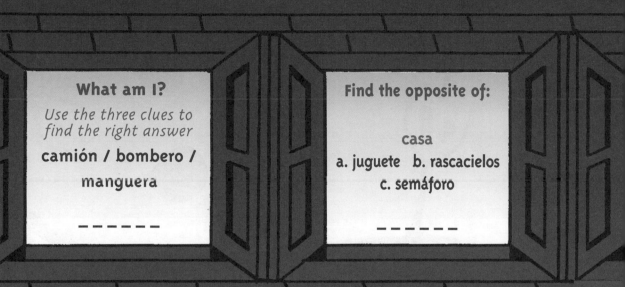

## What am I?

*Use the three clues to find the right answer*

**camión / bombero / manguera**

_ _ _ _ _ _

## Find the opposite of:

casa

a. juguete   b. rascacielos

c. semáforo

_ _ _ _ _ _

## Activities

## True or False

*Tick the true or false box*

|  | T | F |
|---|---|---|
| Elena cree que se ha perdido. | ☐ | ☐ |
| La ciudad es un lugar peligroso para mí. | ☐ | ☐ |
| A sólo cinco minutos andando. | ☐ | ☐ |

## Complete the sentence

*Put the words in the right place*

Creo que nos hemos

_ _ _ _ _ _ _.          recto

_ _ _ _ _ _ _,

¿dónde está          Perdone

la panadería?

                      perdido

Sigue todo _ _ _ _ _

por esta calle

115

Actividades

Join the word to the right picture

plátano

melón

fresa

tomate

**What am I?** Use the three clues to find the right answer

círculo / rojo / verdura _ _ _ _ _ _

Complete the sentence

Put the words in the right place

Aquí hay mucha más _ _ _ _ _ _ _ que en el bosque.

Tome, le doy _ _ _ _ _ _ _ _ _ de veinte.

Aquí tienes _ _ _ _ _ _ _ _ _ : un euro cincuenta.

la vuelta / comida / un billete

116

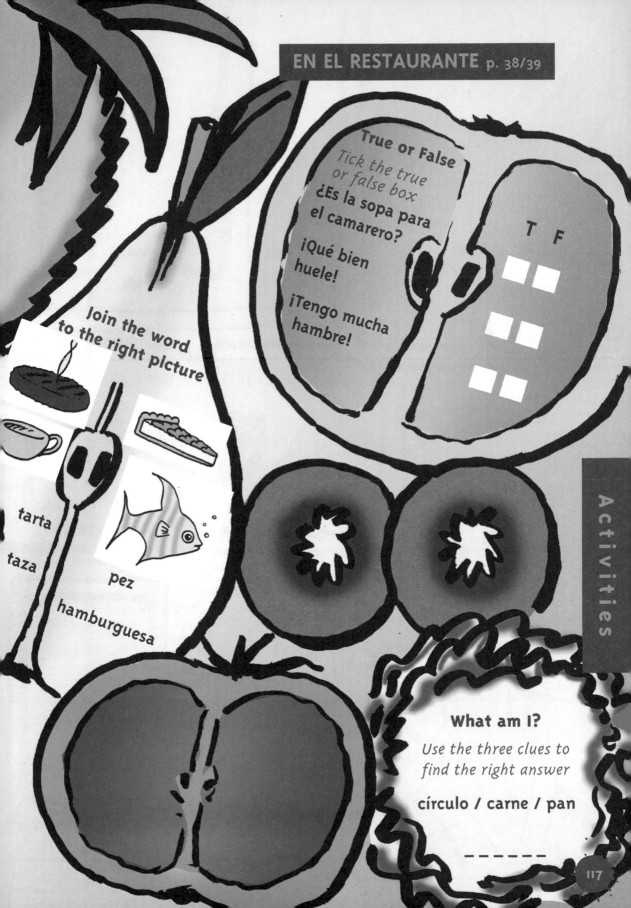

**True or False**
*Tick the true or false box*

¿Es la sopa para el camarero?

¡Qué bien huele!

¡Tengo mucha hambre!

T F

**Join the word to the right picture**

tarta

taza

pez

hamburguesa

Activities

**What am I?**
*Use the three clues to find the right answer*

**círculo / carne / pan**

- - - - - - -

117

## EL TIEMPO LIBRE p. 40/41

**True or False**

*Tick the true or false box*

|  | T | F |
|---|---|---|
| Miguel toca el violín. | ☐ | ☐ |
| La música está demasiado alta. | ☐ | ☐ |
| No os oigo. | ☐ | ☐ |

**Find the opposite of:**

difícil

a. divertido  b. fácil
c. guay

_ _ _ _ _ _

**Join the word to the right picture**

piano
micrófono
palillos
patines

**What am I?**

*Use the three clues to find the right answer*
**instrumento /
cuerdas /
madera**

_ _ _ _ _ _

Actividades

118

## What am I?

*Use the three clues to find the right answer*

animal / cola / jaula

_ _ _ _ _ _

**Find the synonym of:**

encantar

a. acercarse  b. querer  c. gustar

_ _ _ _ _ _

## Complete the words

*Put the missing part of the word in the right place*

| | |
|---|---|
| _ _ _ la | jira |
| tra _ _ _ _ _ _ | gre |
| ti _ _ _ | pecio |
| _ _ _ _ fa | jau |

## True or False
*Tick the true or false box*

**T  F**

El gorila es un animal doméstico. ☐ ☐

¡Qué alto está el trapecio! ☐ ☐

Sobre todo para ver los animales. ☐ ☐

Activities

119

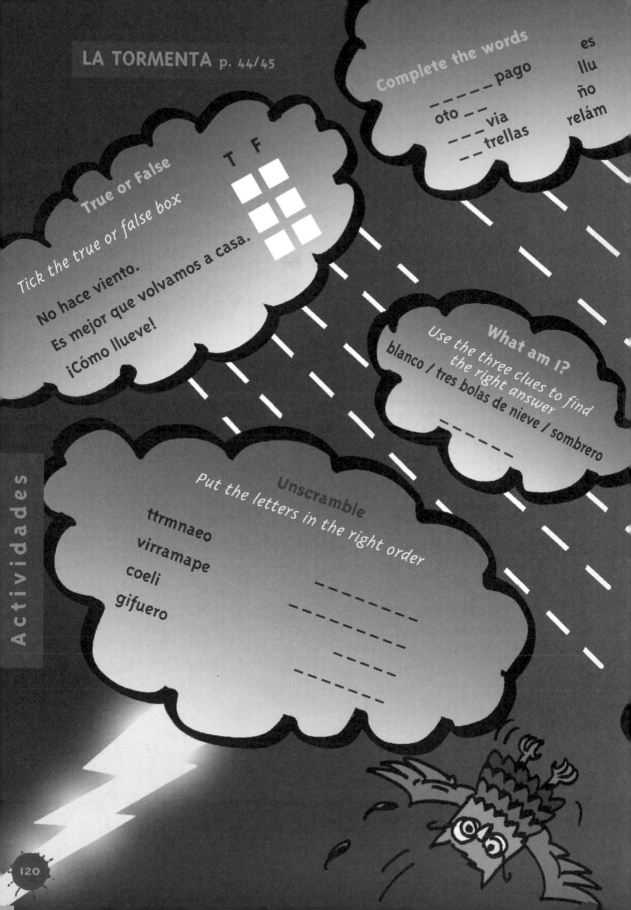

## LA TORMENTA p. 44/45

**Complete the words**

oto _ _  es
_ _ _ _ _ _ pago  llu
_ _ _ via  ño
_ _ trellas  relám

**True or False**

Tick the true or false box

T F

No hace viento.

Es mejor que volvamos a casa.

¡Cómo llueve!

**What am I?**

Use the three clues to find
the right answer

blanco / tres bolas de nieve / sombrero

_ _ _ _ _ _ _ _ _

**Unscramble**

Put the letters in the right order

ttrmnaeo

virramape

coeli

gifuero

_ _ _ _ _ _ _ _

_ _ _ _ _ _ _ _ _

_ _ _ _ _

_ _ _ _ _ _ _

Actividades

120

**What am I?**

*Use the three clues to find the right answer*

nido / huevos / pluma

_ _ _ _ _ _

**Complete the sentence**

*Put the words in the right place*

¡Qué _ _ _ _ _ tan bonito!        Bienvenidos

_ _ _ _ _ _ _ _ _ _ _ a mi mundo.   redonda

La tierra es _ _ _ _ _ _ _.        sitio

**Join the word to the right picture**

flor

araña

pluma

tienda

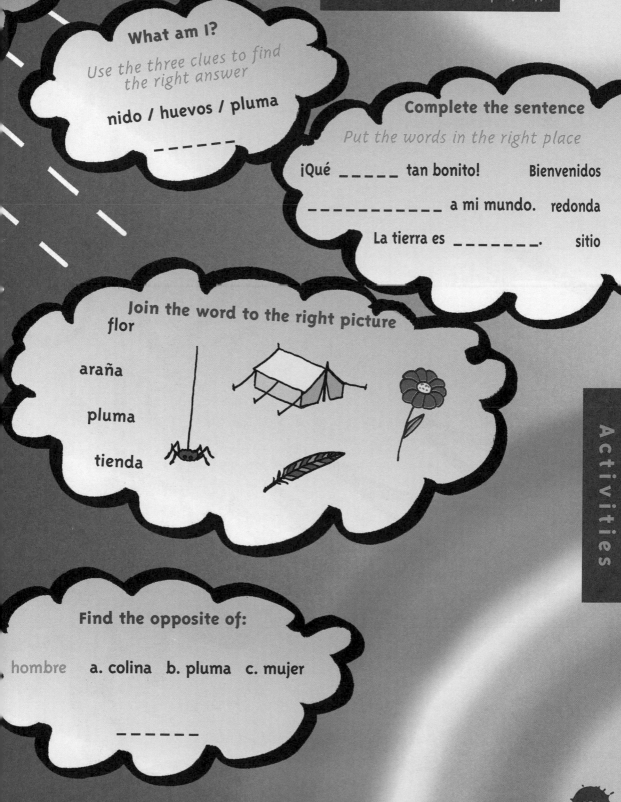

**Find the opposite of:**

hombre    a. colina   b. pluma   c. mujer

_ _ _ _ _ _

Activities

**What am I?**

*Use the three clues to find the right answer*

**caliente / vacaciones / estaciones**

_ _ _ _ _ _ _

**Unscramble**

*Put the letters in the right order*

nmrbsouia          _ _ _ _ _ _ _ _ _

luppo              _ _ _ _ _

gurtato            _ _ _ _ _ _ _

eblanal            _ _ _ _ _ _ _

**Actividades**

**Join the word to the right picture**

canoa

castillo de arena

prismáticos

estrella de mar

122

## What am I?

*Use the three clues to find the right answer*

**regalos / tarta / invitación**

_ _ _ _ _ _ _

## Complete the words

*Put the missing part of the word in the right place*

| | |
|---|---|
| _ _ _ pleaños | invita |
| re _ _ _ _ _ | ta |
| fies _ _ | cum |
| _ _ _ _ _ _ ción | galos |

## The right order

*Put the words in the right order*

**tarta, visto, Has, chocolate, de, la, ¿, ?**

_ _ _ _ _ _

Activities

## True or False

*Tick the true or false box*

|  | T | F |
|---|---|---|
| Es una tarta de fresa. | ☐ | ☐ |
| Es el cumpleaños de Miguel. | ☐ | ☐ |
| Miguel tiene un tercio de la edad de papá. | ☐ | ☐ |

## PICK THE RIGHT WORDS

*Join the words to the*

frente

fútbol

melocotón

pepinos

ciento uno

círculo

lápiz

ojos

tomate

cuadrado

rectángulo

cohete

voleibol

dos mil cuatro

uvas

patatas

rodilla

cuaderno

nariz

diccionario

tobillo

diecinueve

naranja

satélite

## BUENOS DÍAS p. 98

Complete the words
niña, ventana, salón, gato
Join the word to the right picture
puerta
bañera
muñeca
despertador
What am I?
toalla
Find the opposite
b. suelo

## ES HORA DE VESTIRSE p. 99

What am I?
cama
Complete the sentence
¿De quién es esta bufanda?
¿De qué color es mi chaqueta?
¿Estás lista?
Find the opposite
c. no
Unscramble
bufanda, vestido, anorak

## EL DESAYUNO p. 100

What am I?
nevera
The right order
La leche está demasiado caliente.
Complete the sentence
Vete a buscar leche fría a la nevera.
¿Me pasas el azúcar, por favor?
¿Hay algo de comida para mí?
Find the opposite
c. caliente

## VAMOS A LA ESCUELA p. 101

Find the opposite
a. arriba
True or False
F, T, T
What am I?
neumático
Join the word to the right picture
volante
mamá
manguera
neumático

## ¡SONRÍE! p. 106

Complete the sentence
¡Abre los ojos!
¡Date la vuelta!
¡Coge el libro!
Find the opposite
b. llora
The right order
¡Mira los dibujos en el libro!

## EN CLASE p. 102

What am I?
círculo
Find the opposite
b. abrir
Complete the sentence
Sentaos, por favor.
¡Silencio! Escuchadme.
Escribid la fecha de hoy.
Join the word to the right picture
tiza
círculo
libro
calculadora

## ¡VAMOS A ESTUDIAR MATEMÁTICAS! p. 103

What am I?
número 8
Complete the sentence
¡Vamos a estudiar matemáticas!
Yo también puedo volar.
De mayor, quiero ser astronauta.
Find the opposite
b. resta
Complete the words
división, cuatro, suma, cohete

## EL CHICO NUEVO p. 107

Find the object
bicicleta
Find the opposite
c. delgada
Join the word to the right picture
cadena
casco
frenos
bicicleta
Complete the sentence
Voy a apuntar tu dirección.
Soy de Buenos Aires.
¿Tienes hermanos o hermanas?

## ¿QUÉ HORA ES? p. 109

Build three sentences
hoy es viernes.
ayer fue jueves.
mañana es sábado.
Find the opposite
c. medianoche
What am I?
calendario
Join the word to the right picture
las seis y cuarto
las doce y media
mediodía
las seis menos cuarto

## EL GRAN PARTIDO p. 110

What am I?
avión
Find the opposite
c. hermano
The right order
es la niña rubia con la camiseta roja.
Unscramble
ganador, jugador, deporte, baloncesto

## LAS PROFESIONES p. 108

Find the synonym
cirujano
The right order
si fuera un águila.
What am I?
carpintero
True or False
T, F, T

What am I?

**cabeza**

Find the opposite

a. **enfermo**

Complete the sentence

Qué <u>raro</u>, ¿no?
Los búhos <u>nunca</u> se
ponen enfermos.
¿Cómo te <u>sientes</u>?

Join the word to the
right picture

**mano**

**lengua**

**pierna**

**uña**

---

Find the opposite

c. **llena**

What am I?

**gato**

The right order

Está jugando al
escondite con
nosotros.

Complete the words

**<u>de</u>trás**

**le<u>jos</u>**

**contento**

**gat<u>itos</u>**

---

What am I?

**camión de bomberos**

Find the opposite

b. **rascacielos**

True or False

**F, T, T**

Complete the sentence

Creo que nos hemos
<u>perdido</u>.
<u>Perdone</u>, ¿dónde está
la panadería?
Sigue todo <u>recto</u> por
esta calle.

---

Join the word to the right
picture

**plátano**

**melón**

**fresa**

**tomate**

What am I?

**tomate**

Complete the sentence

Aquí hay mucha más <u>comi-
da</u> que en el bosque.
Tome, le doy <u>un billete</u> de
veinte.
Aquí tienes <u>la vuelta</u>: un
euro cincuenta.

---

True or False

**F, T, T**

Join the word to the right
picture

**taza**

**tarta**

**pez**

**hamburguesa**

What am I?

**hamburguesa**

---

True or False

**F, T, T**

Find the opposite

b. **fácil**

Join the word to the right
picture

**piano**

**micrófono**

**palillos**

**patines**

Que suis-je ?

**violín**

---

What am I?

**león o tigre**

Find the synonym

c. **gustar**

True or False

**F, T, T**

Complete the words

**<u>j</u>aula**

**tra<u>pecio</u>**

**ti<u>gre</u>**

**<u>j</u>ira<u>fa</u>**

---

True or False

**F, T, T**

Unscramble

**tormenta**

**primavera**

**cielo**

**refugio**

What am I?

**muñeco de nieve**

Complete the words

**<u>relám</u>pago, oto<u>ño</u>,
<u>ll</u>uvia, <u>es</u>trellas**

---

What am I?

**pájaro**

Complete the sentence

¡Qué <u>sitio</u> tan bonito!
<u>Bienvenidos</u> a mi mundo.
La tierra es <u>redonda</u>.

Join the word to the right
picture

**flor**

**araña**

**pluma**

**tienda**

Find the opposite

c. **mujer**

---

Unscramble

**submarino, pulpo
tortuga, ballena**

What am I?

**verano**

Join the word to the right
picture

**canoa**

**castillo
de arena**

**prismáticos**

**estrella
de mar**

---

What am I?

**cumpleaños**

Complete the words

**<u>cumpleaños</u>, re<u>galos</u>,
<u>f</u>iesta, <u>i</u>nvitación**

The right order

¿Has visto la tarta de
chocolate?

True or False

**F, T, F**

Answers

127